AF830107

Die

Pflichten des Waisenrathes.

Ein praktischer Leitfaden

für

Waisenräthe und Verwaltungsbeamte

bearbeitet von

F. Baum

Amtsgerichtsrath und Vormundschaftsrichter des Amtsgerichts Görlitz.

Berlin 1894.

J. J. Heines Verlag.

Abkürzungen.

Absatz = Abs.

Allgemeines preußisches Landrecht = Allg. L.R.

Civilprozeßordnung C.P.O.

Gesetz über die allgemeine Landesverwaltung = Ges. ü. d. allg. L.Verw.

Gesetzsammlung = G.S.

Konkursordnung = K.O.

Kreisordnung = Kr.O.

Ministerialblatt für innere Verwaltung = M.Bl. f. i. V.

Seite S.

Städteordnung St.O.

Strafgesetzbuch St.G.B.

Vormundschaftsordnung = V.O.

Zuständigkeitsgesetz = Zust.G.

Inhaltsverzeichniß.

Vorwort.

Seitens Sr. Excellenz des Herrn Ministers des Innern ist wiederholt darauf aufmerksam gemacht worden, daß das Institut der Waisenräthe für die Gemeinden sowie für die Erziehung, Ausbildung und das persönliche Wohl der Mündel besonders wichtig sei, und daß ein reger Verkehr zwischen dem Vormundschaftsgericht und dem Waisenrath die Voraussetzung dazu sei.

Demzufolge sind in Görlitz von dem unter einem Vorsitzenden stehenden Centralwaisenrath halbjährlich Besprechungen eingeführt, an denen auch die beiden Vormundschaftsrichter des Amtsgerichts Görlitz theilnehmen. Verfasser, der noch die Vormundschaften eines großen Theiles der Ortschaften leitet, hat sich veranlaßt gesehen, die Waisenräthe des Landbezirks Görlitz zu einer gleichen Besprechung nach Görlitz einzuladen und durch die lebhafte Theilnahme der Waisenräthe an der Besprechung angeregt den Entschluß gefaßt, alljährlich einmal mit den Waisenräthen des Landkreises Görlitz eine gleiche Besprechung vorzunehmen.

Durch diese Besprechungen und durch die Praxis hat Verfasser die Erfahrung gemacht, daß dem größten Theil der Waisenräthe die Wichtigkeit des Institutes sowie ihre Rechte und Pflichten wenig bekannt sind. Zweifellos hat dieses seinen Grund entweder darin, daß die Waisenräthe eine Preußische Vormundschafts-Ordnung nicht besitzen, oder mit den, in der Vormundschafts-Ordnung enthaltenen, von ihnen zu beobachtenden Bestimmungen nicht vertraut sind. Letzteres ist übrigens allzunatürlich, da die Bestimmungen, soweit sie die Organisation des Waisenraths betreffen, und von dem Waisenrathe bei der Verwaltung des ihm vom der Gemeinde anvertrauten Amtes zu beachten sind, sich an verschiedenen Stellen zerstreut befinden und dem Laien das Verständniß schwer machen.

Verfasser hat sich infolgedessen veranlaßt gesehen, die den Waisenrath interessierenden, und von ihm zu beachtenden Bestimmuugen der Vormundschafts-Ordnung durch einem sich auf praktische Erfahrungen stützenden Text zu verbinden und hofft damit, den Waisenräthen für die Verwaltung ihres schweren, aber doch so ehrenvollen Amtes, einen Leitfaden gegeben zu haben.

Verfasser bittet das kleine Buch freundlichst aufzunehmen.

Görlitz im Juni 1894.

Der Verfasser.

I. Organisation des Waisenrathes.

Das durch die Vormundschafts-Ordnung vom 5. Juli 1875 eingeführte neue Amt des Waisenrathes ist nach § 52, welcher wie folgt lautet:

„Dem Vormundschafts-Gericht sind für jede Gemeinde, oder für örtlich abzugrenzende Gemeindeteile ein oder mehrere Gemeindeglieder als Waisenräthe zur Seite zu setzen.

Für benachbarte Gemeindebezirke können dieselben Personen zu Waisenräthen bestellt werden.

Das Amt des Waisenraths ist ein unentgeltliches Gemeindeamt.

Durch Beschluß der Gemeindebehörde kann das Amt des Waisenraths besonderen Abtheilungen der Gemeindeverwaltung übertragen oder mit schon bestehenden Organen der Gemeindeverwaltung verbunden werden.

Auf selbständige Gutsbezirke finden die vorstehenden Bestimmungen mit der Maßgabe entsprechende Anwendung, daß die Waisenräthe von dem Gutsvorsteher ernannt werden."

ein unentgeltliches Gemeindeamt und wird dieses Amt, welches ein Ehrenamt und ein lebenslängliches ist, in der Gemeinde entweder von einem oder mehreren Gemeindegliedern als Waisenräthen versehen.

Das Amt, wie die Person, die dieses Amt bekleidet, führt den Namen Waisenrath.

Die Wahl[1]) des Waisenraths wird in den Städten von dem Magistrat nach Anhörung der Stadverordneten, auf dem Lande von dem Kreisausschuß bezw. den Gutsvorständen bewirkt. Jedes stimmfähige Gemeindeglied ist verpflichtet, das Amt eines Waisenraths zu übernehmen, und 3 Jahre lang zu verwalten, falls ihm nicht Entschuldigungsgründe[2]), wie das Alter von 60 Jahren, dauernde Krankheit, die Verwaltung eines Staats- oder anderen Gemeinde-Amts, Geschäfte, welche eine häufige oder lang andauernde Abwesenheit vom Wohnorte mit sich bringen, oder Verhältnisse, welche nach dem Ermessen[3]) der Behörden eine gültige Entschuldigung begründen, zur Seite stehen.

Dasjenige Gemeindeglied, welches sich ohne gesetzlichen Entschuldigungsgrund weigert[4]) das Amt eines Waisenraths zu übernehmen oder 3 Jahre lang zu verwalten, oder welches als gewählter Waisenrath das Amt nicht ordnungsmäßig verwaltet, kann der Ausübung der Gemeinderechte bezw. seines Rechts auf Theilnahme an der Vertretung und Verwaltung der Stadt bezw. des Kreises für einen Zeitraum von 3—6 Jahren auf Beschluß des Magistrats bezw. Kreistages für verlustig erklärt werden und um $^1/_8$—$^1/_4$ stärker als die übrigen Stadt- bezw. Kreis-Eingesessenen zu den Kommunal- bezw. Kreis-Abgaben herangezogen werden.

---

[1]) Städteordnung vom 30. Mai 1853 S. 56 und § 10 des Zuständigkeit-Gesetzes vom 1. August 1883.

[2]) § 74 der St.O. und § 10 des Zust.G. vom 1. Aug. 1883 und § 8 der Kr.O. vom 13. Dez. 1872.

[3]) Ueber den von dem Gemeindemitgliede geltend gemachten Entschuldigungsgrund entscheidet in den Städten der Magistrat, auf dem Lande der Kreis-Ausschuß durch Beschluß. Dieser Beschluß ist durch Klage bei dem Bezirks-Ausschuß anfechtbar. § 60 des Ges. vom 26. Juli 1876, § 8 d. Kr.O. vom 13. Dez. 1872 u. § 4 des Ges. ü. d. allg. L.Verw. vom 30. Juli 1883, G.S. S. 195.

[4]) § 74 der St.O., § 10 des Zust.G. vom 1. Aug. 1883, § 8 d. Kr.O. vom 13. Dez. 1872 und § 4 des Ges. ü. d. allg. L.Verw. vom 30. Juli 1883.

Die Verpflichtung des Waisenrathes findet nur durch die Gemeindeorgane, also Magistrat bezw. Landrath, bezw. Gutsvorstand, nicht aber durch das Vormundschaftsgericht statt, und untersteht daher der Waisenrath nicht der Aufsicht des Vormundschaftsgerichts, wohl aber hat letzteres, wenn sich bei der Bestellung eines Waisenraths ergiebt, daß eine Person gewählt und verpflichtet ist, von welcher dem Vormundschaftsgericht amtlich bekannt ist, daß diese Person einen unsittlichen Lebenswandel führt, ein Trunkenbold ist, oder in früherer Zeit sich strafbarer Handlungen, insbesondere Sittlichkeits- und Eigenthums-Vergehen schuldig gemacht hat, das Recht der Beschwerde bei denjenigen politischen Behörden, welche die Aufsicht[5]) über den Waisenrath haben, zu. Dasselbe Recht hat das Vormundschaftsgericht, wenn der Waisenrath in der Geschäftsführung Pflichtwidrigkeiten und Verzögerungen begeht.

Die Vormundschaftsordnung stellt an die Waisenräthe hohe Anforderungen, es sind daher zu Waisenräthen nur solche Männer zu wählen, von denen zu erwarten steht, daß sie, durchdrungen von den ihnen obliegenden Pflichten, mit Eifer und Einsicht an der Erziehung von Mündeln zu nützlichen Mitgliedern der menschlichen Gesellschaft theilnehmen werden und das ihnen von der Gemeinde geschenkte Vertrauen rechtfertigen. Nach Abs. 1 des § 52 d. V.O. kann das Waisenrathsamt einem oder mehreren Gliedern der Gemeinde und nach Abs. 4 besonderen Abtheilungen der Gemeindeverwaltung übertragen, oder mit schon bestehenden Organen der Gemeindeverwaltung verbunden werden. Dem-

[5]) Die Aufsicht über die Waisenräthe führt in den Städten der Magistrat, auf dem Lande der Kreis-Ausschuß, vertreten durch den Vorsitzenden, den Landrath. § 56 Nr. 6 d. St.O., §§ 24 und 36 d. Zust.G. Die Beschwerde in weiterer Instanz ist an den Regierungspräsidenten bezw. Oberpräsidenten zu richten.

entsprechend werden sowohl in den Städten, wie auf dem Lande, meist mehrere Personen zu Waisenräthen gewählt, und die Geschäfte von dem Vorsitzenden des Waisenraths geführt.

Eine Verbindung des Waisenraths in den Städten mit den Armenkommissionen wird von vielen Seiten für unzweckmäßig gehalten, weil die Thätigkeit des Waisenraths nur in der Fürsorge für das leibliche und geistige Wohl der Mündel gipfele, die Armenkommission dagegen das finanzielle Interesse der Armenverwaltung wahrnehme. Verfasser kann sich dieser Ansicht nicht anschließen, weil die Armenkommission in einer Stadt besonders Gelegenheit hat, in die Verhältnisse der ärmeren Volksklassen Einblick zu erhalten, und Mittel und Wege zu finden, um der Verwahrlosung solcher Kinder vorzubeugen.

Auch eine Verbindung des Waisenrathes mit der Schulkommission dürfte zu empfehlen sein, da letztere, als Aufsichtsbehörde der Schule, mit dem Lehrer in unmittelbarer Verbindung steht, und von diesem darauf aufmerksam gemacht werden kann, inwieweit in der Erziehung des von ihm unterrichteten Mündels eine Aenderung eintreten muß. In größeren Städten besteht meist ein Centralwaisenrath unter einem Vorsitzenden, der die Geschäfte des gesammten Waisenraths der Stadt führt, und dürfte sich eine Verbindung desselben mit einer Armen- oder Schulkommission dann wohl erübrigen.

Nach Abs. 2 des § 52 d. V.-O. können für benachbarte Gemeindebezirke dieselben Personen zu Waisenräthen gewählt werden, allein dies ist wenig empfehlenswerth, weil das betreffende, zum Waisenrath gewählte Gemeindemitglied auf dem Lande erfahrungsgemäß an und für sich schon wenig Interesse für die in der Gemeinde wohnenden Mündel hat, um Mündel aber, die in einer Nachbargemeinde wohnen, sich noch viel weniger kümmert. Wenn aber zwei benachbarte Gemeinden einen gemeinschaftlichen Waisenrath von mehreren Personen gewählt haben und das eine Mitglied dieses Waisenraths verzieht aus der Gemeinde in einen anderen Bezirk, so scheidet dieses Gemeindemitglied damit auch aus dem Waisenrathe aus, und die Verwaltungsbehörde hat eine Neuwahl zu veranlassen. Leider kommt es in der Praxis vor, daß die Aufsichtsbehörde die unter ihr stehende Gemeindebehörde nicht genügend kontrolliert und ein aus der Gemeinde in eine andere Gemeinde verzogenes, bisher als Waisenrath fungierendes Gemeindemitglied in den Waisenrathslisten weiter führt. Ein derartiges Verfahren ist durchaus zu mißbilligen.

Die Gemeinden, und zwar in den Städten der Magistrat, auf dem Lande der Landrath, als Vorsitzender des Kreis-Ausschusses, haben die Verpflichtung, dem Vormundschaftsgericht die Namen der verpflichteten Waisenräthe mitzutheilen[6]) und, wenn Weisenräthe ihr Amt niedergelegt haben, oder durch Tod ausgeschieden sind, dies anzuzeigen, und die, an Stelle derselben neu gewählten Waisenräthe namhaft zu machen.

II. Die Thätigkeit und Wirksamkeit des Waisenraths.

Die Bestimmungen der Vormundschaftsordnung, welche sich auf die Thätigkeit des Waisenraths beziehen und von ihm zu beachten sind, sind folgende:

---

[6]) Reskript des Ministers des Innern vom 3. Nov. 1875. M.Bl. f. d. i. V. S. 269.

§ 11.

„Minderjährige[1]) erhalten einen Vormund, wenn sie nicht unter väterlicher[2]) Gewalt stehen, wenn die väterliche Gewalt nach den Vorschriften des bürgerlichen Rechts ruht[3]) oder wenn ihr Vater selbst bevormundet ist[4]).

§ 81.

Großjährige erhalten einen Vormund:
1. wenn sie für geisteskrank erklärt sind;
2. wenn sie für Verschwender erklärt sind;
3. wenn sie taub, stumm oder blind, und hierdurch an Besorgung ihrer Rechtsangelegenheiten gehindert sind.

§ 61.

Die Vormundschaft hört auf, wenn der Mündel die Großjährigkeit[5]) erreicht, wenn er für großjährig erklärt[6]) wird, wenn er in väterliche Gewalt tritt und wenn das Ruhen der väterlichen Gewalt oder die Bevormundung des Vaters aufhört[7]).

---

[1]) Nach dem Reichsgesetze v. 17. Februar 1875 dauert die Minderjährigkeit bis zum vollendeten 21. Lebensjahre.

[2]) Zu dieser Kategorie gehören eheliche und uneheliche Kinder, deren väterlicher Gewalthaber gestorben ist.

[3]) Die väterliche Gewalt ruht, wenn der Vater zu mehr als zweijähriger Gefängnißstrafe oder zu mehr als zweijähriger Festungshaft verurtheilt ist. § 260 Tit. 2 Th. II Allg.L.R.

[4]) Wenn der Vater zu Zuchthaus oder mehr als 10jähriger Gefängnißstrafe verurtheilt ist. § 255 Tit. 2 Th. II Allg.L.R. oder wenn der Vater wegen Geisteskrankheit oder Verschwendung entmündigt und unter Vormundschaft gestellt ist. § 261 Tit. 2 Th. II Allg L.R.

[5]) Das Mündel muß das 21. Lebensjahr vollendet haben.

[6]) Die Großjährigkeitserklärung ist nach vollendetem achtzehnten Lebensjahre zulässig. Abs. 2 des § 61 d. V.O.

[7]) Bei der Adoption durch einen Dritten, § 666 Tit. 2 Th. II Allg.L.R., und wenn der Vater eines unehelich geborenen Kindes dessen Mutter heirathet, und er vor dem Standesamt das Kind als sein eheliches anerkennt. §§ 25, 26 des Gesetzes vom 6. Febr. 1875. Die Bevormundung des entmündigten Vaters hört auf, wenn die Entmündigung durch Beschluß des Amtsgerichts aufgehoben ist. § 616 C.P.O.

§ 84.

Die Vormundschaft über einen Großjährigen hört auf, wenn der Grund zu deren Einleitung gehoben ist; die über einen Abwesenden namentlich auch, wenn derselbe für todt, für verschollen oder im Bezirk des Appellationsgerichtshofes zu Cöln für abwesend erklärt worden ist.

§ 53.

Der Waisenrath hat die Aufsicht über das persönliche Wohl des Mündels und über dessen Erziehung zu führen, insbesondere Mängel oder Pflichtwidrigkeiten, welche er bei der körperlichen oder sittlichen Erziehung des Mündels wahrnimmt, anzuzeigen, auch auf Erfordern über die Person des Mündels Auskunft zu ertheilen.

Er hat diejenigen Personen vorzuschlagen, welche im einzelnen Falle zur Berufung als Vormund oder Gegenvormund geeignet erscheinen.

§ 54.

Das Vormundschaftsgericht hat dem Waisenrath des Bezirks, in welchem der Mündel wohnt, von der einzuleitenden Vormundschaft, sowie in den Fällen des zweiten Absatzes des § 12 und des § 13 von der gesetzlichen Vormundschaft Kenntniß zu geben und den Vormund namhaft zu machen.

Von der Verlegung der Wohnung des Mündels in eine andere Gemeinde oder einen anderen Bezirk hat der Vormund den Waisenrath zu benachrichtigen. Dieser hat dem Waisenrath des neuen Aufenthaltsortes Kenntniß zu geben.

§ 91.

Auf die Pflegschaft finden die Vorschriften dieses Gesetzes über die Vormundschaft entsprechende Anwendung; die Bestellung eines Gegenvormundes ist nicht erforderlich.

Die Pflegschaft hört auf, wenn der Grund zu deren Einleitung gehoben ist."

Was nun die Thätigkeit und den Wirkungskreis des Waisenraths anlangt, so liegt der eigentliche Kern und Schwerpunkt der gesammten waisenräthlichen Thätigkeit in der Aufsicht über das persönliche Wohl der in seinem Bezirke wohnenden Mündel und deren Erziehung.

Bis zur Emanation der Vormundschaftsordnung übte die Aufsicht über das Mündel, in Gemeinschaft mit dem Vormundschaftsrichter, der Vormund aus, und wurden alljährlich die sogenannten Erziehungsberichte von den Vormündern ausgestellt, in der Regel dem Ortsgeistlichen übergeben, und von diesem, mit den etwa erforderlichen Bemerkungen versehen, zu den Vormundschaftsakten eingereicht. Sehr oft nahm der Vormundschaftsrichter Gelegenheit, auf Grund der ihm erstatteten Berichte das Mündel und den Vormund zu laden und durch Rücksprache und Ermahnungen in die Erziehnng des Mündels einzugreifen.

In dem vom Landrichter Max Schultzenstein bearbeiteten Vormundschaftsrecht des Professor Dernburg wird in § 30 Seite 122 gesagt, daß ein periodisch vom Waisenrath dem Vormundschaftsgericht zu erstattender Bericht über die Mündel zweckmäßig wäre, und daß die Gemeinde dem Waisenrath einen derartigen Bericht auflegen könne, allein ein solcher Bericht würde nach Ansicht des Verfassers nur bezüglich derjenigen Mündel erforderlich und zweckmäßig sein, welche durch ihre Führung zu Tadel und Erinnerungen Anlaß geben, bei Mündeln, gegen deren Betragen nichts zu erinnern ist, erübrigt sich ein derartiger Bericht vollständig und würde, wie der größere Theil der Erziehungsberichte, nur dazu dienen, um als werthloses Aktenmaterial behandelt zu werden.

Durch die Einführung des Waisenrathsamts sind die Erziehungsberichte entbehrlich geworden.

Der Waisenrath steht inmitten seiner Gemeinde und kann daher die Mündel besser überwachen, er ist befugt und wird, wenn er es ernst mit der übernommenen Pflicht eines

Waisenraths nimmt, monatlich, mindestens aber jährlich einmal, sich von dem persönlichen Wohl des Mündels überzeugen, indem er das Mündel in seiner Behausung aufsucht, oder durch den Vormund oder die Organe der Ortsbehörde, nach seiner Wohnung bestellt und durch Rücksprache mit dem Mündel sich Kenntniß von dem Charakter desselben verschafft.

Wenn der Waisenrath Mängel in der Erziehung, oder Pflichtwidrigkeiten des Vormundes wahrnimmt, so hat er dies dem Vormundschaftsrichter anzuzeigen, damit dieser den Vormund und die die Erziehung des Mündels leitenden Personen hören, und die ihm zur Abhülfe der Mißstände erforderlichen Maßregeln durch den bisherigen Vormund, oder einen neu zu verpflichtenden Vormund treffen kann.

Dieses Aufsichtsrecht bezieht sich aber nur auf das persönliche Wohl des Mündels, nicht aber auf seine Vermögensverhältnisse, er hat also keine Verpflichtung, über das Mündelvermögen zu wachen, oder gar über die Anlegung und Verwaltung des Mündelvermögens dem Vormunde Vorschriften zu machen, wohl aber liegt es neben dem Gegenvormunde dem Waisenrathe auf Grund des ihm über das persönliche Wohl des Mündels zustehenden Aufsichtsrechtes ob, Unregelmäßigkeiten und Pflichtwidrigkeiten des Vormundes in der Verwaltung des Mündelvermögens schleunigst dem Vormundschaftsrichter anzuzeigen, damit der läßige und ungetreue Vormund zur Verantwortung gezogen und seines Ehrenamtes entsetzt werden kann.

Der Waisenrath übt aber nicht blos über die in den §§ 53, 54, 91 d. V.O. genannten Mündel und Pflegebefohlenen die Aufsicht aus, sondern nach § 9 d. G. v. 13. März 1878, betreffend die Unterbringung verwahrloster Kinder G.S. S. 132, auch über die nach diesem Gesetz in Zwangserziehung gebrachten, nicht bevormundeten, unter väterlicher Gewalt stehenden Kinder aus. Die Kommunalverbände haben die Verpflichtung, dem Waisenrathe des Aufenthaltsorts eines solchen Kindes von der Unterbringung und jedem Wechsel des Aufenthalts eines Zöglings Kenntniß zu geben. Der Waisenrath hat mithin, sobald ihm die Mittheilung wird, daß ein in Zwangserziehung genommenes Kind in seinem Bezirke sich aufhält, d. h. einer Familie zur Erziehung überwiesen, oder in die Lehre gegeben ist, sich um ein solches Kind zu kümmern.

Der Waisenrath hat ferner auf Erfordern dem Vormundschaftsrichter jederzeit über die Person des Mündels, also z. B. über die Wahl des Lebensberufs, die Verheirathung, die Adoption, die körperliche und sittliche Erziehung, sowie über die etwaige Hilfsbedürftigkeit des Mündels Auskunft zu ertheilen, und wenn Streitigkeiten über die Erziehung des Mündels zwischen der Mutter und dem Vormund entstehen, und die Erziehung des Kindes der Mutter genommen werden soll, dem Vormundschaftsrichter auf Befragen seine Ansicht mitzutheilen.

Für die Thätigkeit des Waisenraths enthält der oben angeführte § 54 in seinem zweiten Absatze, eine sehr zu beachtende Bestimmung, gegen welche sowohl die Vormünder, wie die Waisenräthe fehlen. Die Vormünder haben nämlich die Verlegung der Wohnung eines Mündels in einen anderen Bezirk dem Waisenrath anzuzeigen, und der Waisenrath des bisherigen Aufenthaltsorts des Mündels hat dem Waisenrath des neuen Aufenthaltsorts davon Kenntniß zu geben. Beide kommen, wie die Praxis zeigt, nur in den seltensten Fällen dieser ihnen obliegenden Verpflichtung nach. Die Vormünder wissen meist nicht, ob ein Mündel noch in ihrem Bezirk wohnt, und der Waisenrath achtet in Folge des Unterlassens der Anzeige des Vormundes nicht darauf, ob ein Mündel in seinem Bezirk gezogen ist. Beiden muß die Beachtung des zweiten Absatzes des § 54 d. V.O. dringend empfohlen werden, damit Mündel, welche zu Leichtsinn und Lüderlichkeit Hang haben und ihren Wohnsitz mit einem neuen vertauschen, um möglichst weit von dem Vormunde und dem Waisenrath seines Bezirks entfernt zu sein, von dem Waisenrath des neuen Aufenthaltsorts beobachtet und nöthigenfalls auf den richtigen Weg gebracht werden können. Die Praxis bietet hinreichend Beispiele davon, daß Mündel vom Lande nach der Stadt ziehen und sich in Fabriken ihren Unterhalt suchen, damit sie in ihren Bewegungen freier und der Kontrolle des Waisenraths enthoben werden. Gerade für solche Fälle ist die Beachtung der gesetzlichen Bestimmung dringend geboten, und dürfte es sich empfehlen, daß, sobald der Waisenrath von dem Vormunde die Nachricht von dem Verzuge des Mündels nach der Stadt erhält, der Waisenrath sofort dem Waisenrathe der Stadt mit einer kurzen Bemerkung über das Leben und den Charakter des Mündels davon Anzeige macht. Sicherlich würde durch eine derartige, rechtzeitige Anzeige manches Mündel vor dem Untergange behütet werden können. Es kann auch nicht zweifelhaft sein, daß der Waisenrath des neuen Aufenthaltsorts befugt ist, das in seinen Bezirk verzogene Mündel zu sich zu bestellen, und, wenn nöthig, zu verwarnen.

Unterläßt übrigens ein Vormund die Anzeige von der Verlegung des Wohnsitzes des Mündels, so hat der Waisenrath dem Vormundschaftsgericht davon Mittheilung zu machen, damit dieses dann den Vormund zur Erfüllung seiner Pflicht erforderlichenfalls durch Ordnungsstrafen anhalten kann.

Nach Abs. 1 des § 54 der V.O. hat das Vormundschaftsgericht den Waisenrath des Bezirks, in welchem das Mündel wohnt, von der einzuleitenden Vormundschaft in Kenntniß zu setzen, und ihm um Benennung einer Person, welche als Vormund oder Gegenvormund verpflichtet werden soll, zu ersuchen, und der Waisenrath hat nach Abs. 2 d. § 54 d. V.O. diejenige Person, die er zu diesem Amte für geeignet erachtet, vorzuschlagen. Bei diesem Vorschlage ist jedoch der Waisenrath nicht an die Personen seines Bezirks gebunden, er kann auch aus anderen Bezirken Personen, welche in irgend einer Beziehung zum Mündel stehen, wie z. B. Verwandte und Freunde der Eltern des Mündels oder solche Personen, die ihm zur Uebernahme des Amtes geeignet erscheinen und sich dazu bereit erklaren, vorschlagen. Wenn der Waisenrath eine in einem anderen Bezirk wohnende Person als Vormund oder Gegenvormund in Vorschlag bringt und ihm über das Leben und den Charakter dieser Person nichts bekannt ist, so wird er sich mit dem Waisenrathe, in dessen Bezirk der Vorzuschlagende wohnt, in Verbindung zu setzen und die erforderliche Auskunft einzuholen haben, damit nicht hinterher ein Mißgriff sich offenbart und die Entlassung des Vormundes wieder nöthig macht.

Antrage des Vormundschaftsgerichts, welche den Vorschlag oder die Begutachtung von Vormündern für uneheliche Kinder betreffen, sind von demjenigen Waisenrathe zu erledigen, in dessen Bezirk die Mutter wohnt, falls Mutter und Kind sich in verschiedenen Bezirken aufhalten sollten.

Bei Bestellung eines Vormundes für einen Geisteskranken ist derjenige Waisenrath zuständig, in dessen Bezirk der Geisteskranke vor seiner Unterbringung in der Anstalt gewohnt hat.

Ergeht daher an einen nicht zuständigen Waisenrath gemäß § 53 Abs. 2 die gerichtliche Aufforderung zur Benennung eines Vormundes, oder die Benachrichtigung von der Verpflichtung des Vormundes gemäß Abs. 1 des § 54 d. V.O., so muß diese unmittelbar dem zuständigen Waisenrathe übersandt werden. Eine Zurücksendung an das Vormundschaftsgericht würde eine unnütze Weiterung sein.

Bei der Auswahl der Vormünder und Gegenvormünder hat der Waisenrath mit ganz besonderer Sorgfalt zu verfahren, und sich nicht bloß damit zu begnügen, irgend eine beliebige Person, wie dies bedauerlicher Weise sehr oft geschieht, vorzuschlagen. So hat er bei der Auswahl von Vormündern für begüterte Mündel die Zuverläßigkeit der vorzuschlagenden Personen durch geeignete Ermittelungen vorher festzustellen, damit die Mündel vor Vermögens-Nachtheilen geschützt werden, und als Gegenvormünder nur solche Personen vorzuschlagen, welche sich durch Geschäftsgewandtheit und Zuverläßigkeit auszeichnen und mit dem Vormunde in keiner verwandtschaftlichen oder geschäftlichen Beziehung stehen, da durch derartige Verhältnisse sehr leicht ein für den Mündel nachtheiliges Zusammenwirken des Vormundes und Gegenvormundes herbeigeführt werden kann.

Was nun die zu Vormündern und Gegenvormündern vorzuschlagenden Personen insbesondere anlangt, so hat der Waisenrath zu beachten:

1. ob sie vom Gesetz als Vormünder oder Gegenvormünder berufen sind;
2. ob sie zur Führung der Vormundschaft oder Gegenvormundschaft unfähig sind;
3. ob sie die Uebernahme der Vormundschaft oder Gegenvormundschaft ablehnen können.

Hinsichtlich der unter Nr. 1 gedachten berufenen Vormünder und Gegenvormünder hat der Waisenrath § 17 und § 83 Abs. 2 d. V.O. zu berücksichtigen:

§ 17.

„**Als Vormünder sind in nachstehender Reihenfolge berufen:**

1. wer ohne die väterliche Gewalt zu erwerben den Mündel an Kindesstatt angenommen hat;
2. wer von dem Vater in einem Testament oder in einer gerichtlich oder notariell beglaubigten oder eigenhändig geschriebenen und unterschriebenen Urkunde benannt ist, sofern der Vater zur Zeit seines Todes die väterliche Gewalt über den Mündel gehabt hat, oder unter Voraussetzung der bereits erfolgten Geburt desselben gehabt haben würde, oder sofern der Vater bis zum Tode die Vormundschaft geführt hat;
3. die Mutter über ihre ehelichen, nicht an Kindesstatt hingegebenen Kinder;
4. wer von der Mutter in der unter Nr. 2 bestimmten Form benannt ist, sofern die Mutter bis zum Tode die Vormundschaft geführt hat;
5. der Großvater väterlicher Seits;
6. der Großvater mütterlicher Seits.

Die Mutter ist nicht berufen, wenn sie mit einem Anderen als dem Vater des Mündels verheirathet, oder wenn die Ehe mit dem Vater des Mündels durch Urtheil getrennt ist.

Ist einer Ehefrau ein Vormund zu bestellen, so darf vor jedem nach diesem Paragraphen Berufenen der Ehemann bestellt werden.

§ 83. Abs. 2.

Die Ehefrau ist zur Führung der Vormundschaft fähig, und hat die in diesem Gesetz dem Ehemann beigelegten Rechte."

Geht bei dem Vormundschaftsgericht die Anzeige des Standesbeamten über den Tod eines Ehemannes, der mit Hinterlassung von minorennen Kindern gestorben ist, ein, so richtet das Vormundschaftsgericht an die Wittwe eine Aufforderung, die unter Anderem die Frage enthält, ob die Wittwe bereit ist, die Vormundschaft über ihre minderjährigen Kinder zu übernehmen. Erklärt sich die Wittwe zur Uebernahme der Vormundschaft bereit, so kann nach § 19 d. V.O., dessen Wortlaut folgender ist:

„Kann die Vormundschaft keinem der nach § 17 Berufenen übertragen werden, so hat das Vormundschaftsgericht nach Anhörung des Waisenraths (§ 52) einen Vormund zu berufen, und dabei geeignete Verwandte oder Verschwägerte des Mündels zunächst zu berücksichtigen.

Bei der Auswahl des Vormundes ist auf das religiöse Bekenntniß des Mündels Rücksicht zu nehmen.

Das Vormundschaftsgericht hat in der Regel für einen Mündel, sowie für mehrere Geschwister nur einen Vormund zu berufen."

das Vormundschaftsgericht den Waisenrath übergehen und die Mutter der Kinder ohne Weiteres als Vormund verpflichten, er kann aber aus praktischen Gründen den Waisenrath darüber hören, ob sich die nach § 17 d. V.O. berufene Person, insbesondere die Mutter, zur Uebernahme der Vormundschaft eignet, und ihn gleichzeitig ersuchen, eine andere Person vorzuschlagen, falls Bedenken gegen die Verpflichtung der Mutter als Vormund obwalten. Letzteres wird in all' den Fällen sich empfehlen, wenn es sich bei der Führung der Vormundschaft um Verwaltung eines bedeutenden väterlichen Nachlasses handelt und der Vormundschaftsrichter die Mutter wegen ihrer Unkenntniß in der Verwaltung von Grundstücken und Capitalien nicht für geeignet erachtet die Verwaltung zu führen. Der Vormundschaftsrichter wird es auch dankbar anerkennen, wenn der Waisenrath in derartigen Fällen, oder wenn die Mutter in moralischer Beziehung sich zur Führung der Vormundschaft nicht eignet, ihn ohne Anfrage davon benachrichtigt, und eine andere Person als Vormund in Vorschlag bringt. Nach Nr. 2 und 4 d. § 17 d. V.O. können der Vater und die Mutter in einer eigenhändig ge- und unterschriebenen Urkunde eine Person zum Vormund berufen. Hat der Waisenrath von einer solchen Urkunde Kenntniß, so hat er dem Vormundschaftsgericht davon Mittheilung zu machen nnd gleichzeitig sich über die Person zu äußern, wenn er meint, daß es nicht im Interesse des Mündels liegt, diese Person als Vormund zu verpflichten. Der Vormundschaftsrichter kann, wenn er die Gründe des Waisenraths für vollwichtig hält, von der Verpflichtung der berufenen Person Abstand nehmen, und die vom Waisenrath benannte Person als Vormund verpflichten.

Bei der Auswahl des Vormundes soll ferner nach obigem § 19 auf das religiöse Bekenntniß des Mündels Rücksicht genommen werden. Dies ist regelmäßig zu beachten, jedoch sind Ausnahmen zulässig, wenn es im Interesse des Mündels liegt gerade diese, und keine andere Person als Vormund in Vorschlag zu bringen, und wenn für mehrere Mündel, d. h. Geschwister verschiedener Religionsbekenntnisse ein Vormund in Vorschlag zu bringen ist. Der Waisenrath wird jedoch, wenn er eine Person, welche einem andern Religionsbekenntnisse als das Mündel angehört, in Vorschlag bringt, dies besonders zu begründen haben.

Der Waisenrath wird endlich bei dem von ihm zu machenden Vorschlage von der Benennung der Mutter, wenn sie mit einem Anderen als dem Vater des Mündels verheirathet ist, oder wenn die Ehe mit dem Vater des Mündels getrennt ist, Abstand nehmen können, da sie in diesen Fällen nicht zu den gesetzlich berufenen Personen gehört.

In zweiter Linie hat der Waisenrath darauf zu achten, ob die von ihm in Vorschlag zu bringende Person auch wirklich fähig ist, die Vormundschaft zu führen, und giebt ihm hierfür der § 21 d. V.O., welcher wie folgt lautet:

„Unfähig zur Führung einer Vormundschaft sind:

1. Bevormundete oder Handlungsunfähige;
2. wer das einundzwanzigste Lebensjahr noch nicht zurückgelegt hat;
3. wer der bürgerlichen Ehrenrechte verlustig erklärt ist, nach Maßgabe des Strafgesetzbuchs;

4. Gemeinschuldner während der Dauer des Konkursverfahrens;
5. wer offenkundig einen unsittlichen Lebenswandel führt;
6. wer von dem Vater oder von der Mutter nach Maßgabe der in § 17 für die Berufung eines Vormundes gegebenen Vorschriften ausgeschlossen worden ist;
7. weibliche Personen.

Nicht unfähig zur Führung einer Vormundschaft sind jedoch die Mutter über ihre ehelichen, unehelichen oder angenommenen Kinder, und die Großmutter, sofern sie nicht bei etwaiger Trennung der Ehe für den schuldigen Theil erklärt sind, sowie diejenigen weiblichen Personen, welche nach § 17 Nr. 2 und 4 berufen sind.

Eine Frau, welche mit einem Andern als dem Vater des Mündels verheirathet ist, darf nur mit Einwilligung des Ehemannes zum Vormund bestellt werden.

den erforderlichen Anhalt.

Die Praxis lehrt täglich, daß bei den Vorschlägen der Vormünder die im vorstehenden Paragraphen aufgeführten Unfähigkeitsgründe von einem großen Theil der Waisenräthe nicht beachtet werden, und zwar, wie wohl anzunehmen ist, um deshalb, weil der Waisenrath nicht im Besitz einer Vormundschafts-Ordnung ist, und in Folge dessen die Gründe nicht kennt. Der Waisenrath begnügt sich, wie bereits oben erwähnt, auf das vom Vormundschaftsrichter an ihn gerichtete Ersuchen, irgend eine in seinem Bezirk wohnende Person in Vorschlag zu bringen, ohne vorher eine genaue Prüfung der Person, ihres Vorlebens und der Verhältnisse, in denen sie sich befindet, vorzunehmen. Daher kommt es denn auch, daß sich erst in dem zur Verpflichtung des Vormundes anberaumten Termine ergiebt, daß die in Vorschlag gebrachte Person zur Uebernahme der Vormundschaft unfähig ist. Dem Vormundschaftsrichter bleibt in solchen Fällen nichts Anderes übrig, als den Unfähigkeitsgrund festzustellen und unter Mittheilung desselben den Waisenrath um Benennung einer anderen Person zu ersuchen. Der Waisenrath möge deshalb vor jedem Vorschlage eine genaue Prüfung der Person vornehmen, und, wenn er selbst über die betreffende Person und ihr Vorleben nichts weiß, sich an die Ortspolizeibehörde oder den Ortsgeistlichen mit der Bitte um Auskunft wenden.

Aus dem Paragraphen kann der Waisenrath sehen, welche Personen von der Führung der Vormundschaft ausgeschlossen sind, allein um jeden Zweifel über die Unfähigkeitsgründe dem Waisenrath zu nehmen, sei kurz Folgendes bemerkt:

Bevormundete, also Personen, die unter Vormundschaft stehen, also noch nicht das 21. Lebensjahr zurückgelegt haben, oder als Großjährige für geisteskrank oder Verschwender erklärt, oder taub, stumm oder blind sind, sind niemals als Vormünder in Vorschlag zu bringen, ebensowenig Handlungsunfähige, das sind Personen, denen das Vermögen, frei zu handeln, mangelt, und die sich daher auch nicht verpflichten können, wie z. B. Geisteskranke, so lange sie nicht unter Vormundschaft stehen, Mönche und Nonnen, welche ein Klostergelübde abgelegt haben. Ferner ist derjenige, welcher das 21. Lebensjahr noch nicht zurückgelegt hat, aber vom Vormundschaftsgericht auf Antrag für großjährig erklärt ist, zur Führung der Vormundschaft unfähig. Ganz besonders möge der Waisenrath bei seinen Vorschlägen die Nr. 3 des § 21 d. V.O. beachten und Personen, welche der bürgerlichen Ehrenrechte verlustig erklärt sind, auch dann nicht als Vormünder in Vorschlag bringen, wenn sie wieder in den Besitz der Ehrenrechte gelangt sind. Die Unfähigkeit desjenigen, welcher der bürgerlichen Ehrenrechte verlustig erklärt ist, dauert nach § 34 St.G.B. nur so lange, als der Verurtheilte die bürgerlichen Ehrenrechte nicht wiedererlangt hat, und der Waisenrath wäre befugt, solche Personen, sobald die im Urtheil bestimmte Zeit, während deren sie zur Führung der Vormundschaft unfähig sind, abgelaufen ist, vorzuschlagen, allein der Waisenrath wird wohl daran thun, derartige Personen, welche z. B. wegen Sittlichkeits- oder Eigenthumsvergehen bestraft sind, niemals in Vorschlag zu bringen, da bei diesen die sittliche Erziehung eines Kindes ausgeschlossen, ja sogar zu befürchten ist, daß das Mündel zu Grunde geht.

Nach Nr. 4 d. § 21 ist der Gemeinschuldner während der Dauer des Konkurses, also nur zeitweise, zur Führung der Vormundschaft unfähig. Der Gemeinschuldner verliert nach § 5 d. K.O. v. 10. Februar 1877 mit der Eröffnung des Konkurses die Befugniß, sein zur Konkursmasse gehöriges Vermögen zu verwalten und über dasselbe zu verfügen, und nach § 206 und 208 Tit. 2 Th. II d. Allg.L.R. auch die Verwaltung und den Nießbrauch des nicht freien Vermögens seiner Kinder. Mit Rücksicht darauf hat die Vormundschaftsordnung dem Gemeinschuldner die Fähigkeit vormundschaftliche Geschäfte zu führen, während der Dauer des Konkurses abgesprochen, und hat der Waisenrath, sobald ihm bekannt wird, daß der Vormund eines seiner Aufsicht anvertrauten Mündels in Konkurs gerathen ist, dies dem Vormundschaftsgericht anzuzeigen, damit der Vormund bis zur Beendigung des Konkurses, oder, wenn es mit Rücksicht auf die Verwaltung des Vermögens für geboten erachtet wird, der Vormundschaft ganz entsetzt, und ein anderer zuverlässiger Vormund verpflichtet wird.

Daß der Waisenrath eine Person, welche offenkundig einen unsittlichen Lebenswandel führt, also z. B. einen Bettler, Trunkenbold, Landstreicher nicht zum Vormund vorschlagen wird, liegt auf der Hand, allein der Waisenrath hat auch bei der gesetzlichen Vormundschaft, also in den Fällen des Abs. 2 des § 12 § 12 der V.-O.

„Ueber ein uneheliches Kind wird der Vertreter der unehelichen Mutter gesetzlicher Vormund, so lange das Vormundschaftsgericht nicht einen anderen Vormund bestellt.“

die moralische Verpflichtung, an Stelle eines mütterlichen Großvaters, der dem Trunke ergeben ist, oder sonst einen unsittlichen Lebenswandel führt, sofort bei Bekanntwerden der Geburt des unehelichen Kindes dem Vormundschaftsgericht davon Mittheilung zu machen, und gleichzeitig einen anderen Vormund in Vorschlag zu bringen. Der Waisenrath braucht nicht erst die ihm vom Vormundschaftsgericht nach Abs. 1 des § 54 d. V.O. zu ertheilende Benachrichtigung, daß der mütterliche Großvater eines unehelichen Kindes die gesetzliche Vormundschaft über dasselbe führe, abzuwarten, sondern er kann ohne diese mit seinem Vorschlage vorgehen, und wird sicherlich bei dem Vormundschaftsrichter Gehör finden. Die unter Nr. 6 des Paragraphen enthaltene Bestimmung bedarf keinerlei Erörterung.

Es bleibt somit nur noch die unter Nr. 7 aufgeführte Kategorie der zur Führung der Vormundschaft unfähigen Personen zu behandeln übrig.

Der Gesetzgeber versteht unter weiblichen Personen nur solche, die zu dem Mündel nicht in dem Verhältniß von Mutter und Großmutter stehen, allein auch hinsichtlich der Mutter eines unehelich geborenen Kindes, welche nach Absatz 2 d. § 21 nicht unfähig zur Führung der Vormundschaft über ihr Kind ist, möge der Waisenrath sehr vorsichtig sein, denn nach den in der Praxis gemachten Erfahrungen ist die Mutter eines unehelich geborenen Kindes nur in den seltensten Fällen zur Führung der Vormundschaft geeignet, da sie sehr oft mit dem Erzeuger ihres Kindes in wilder Ehe lebt, und das betreffende Kind durch ein derartiges Zusammenleben ein schlechtes Beispiel erhält und meist nach, oder gar schon vor Eintritt der Reife in den Fehler der Mutter verfällt.

Der Waisenrath wird daher wohl daran thun, wenn er für ein unehelich geborenes Kind stets eine männliche Person als Vormund in Vorschlag bringt, die über das sittliche Wohl des Kindes wacht, und nöthigenfalls das Kind der Mutter entzieht und in sittliche Pflege bringt.

Erwähnt sei hier noch, daß der Waisenrath niemals den Vater eines unehelich geborenen Kindes in Vorschlag zu bringen hat, da dieser zur Alimentation des Kindes gesetzlich verpflichtet ist, und der Vormund darauf zu achten hat, daß der Erzeuger des Kindes der ihm gesetzlich obliegenden Alimentationspflicht nachkommt, es liegen sonach kollidirende Interessen vor.

In gleicher Weise empfiehlt es sich aus praktischen Gründen, einen Stiefvater für seine Stiefkinder nicht in Vorschlag zu bringen, da Erzieher und Vormund in einer Person vereinigt wird, und die Kontrolle über die Erziehung des Kindes gewissermaßen wegfällt. Sollte es der Waisenrath für besonders günstig erachten, für die Mündel den Stiefvater als Vormund in Vorschlag zu bringen, so wird er, um Rückfragen des Vormundschaftsrichters zu vermeiden, seinen Vorschlag durch Angabe der Gründe zu motivieren, und, falls der Stiefvater als Vormund verpflichtet worden ist, besonders darüber zu wachen haben, daß die Mündel sittlich erzogen werden. Zeigen sich bei der Erziehung der Stiefkinder Mißstände und Pflichtwidrigkeiten, so sind diese dem Vormundschaftsrichter anzuzeigen, damit derselbe nach vorgenommener Sachuntersuchung den Stiefvater der Vormundschaft entsetzen kann.

Bei dem Vorschlage eines Vormundes hat endlich der Waisenrath die §§ 22 und 23 d. V.O. zu beachten.

§ 22.

„Wer ein Staatsamt oder ein besoldetes Amt in der Kommunal- oder Kirchenverwaltung bekleidet, bedarf zur Füh-

rung einer von dem Vormundschaftsgericht eingeleiteten Vormundschaft der Genehmigung der zunächst vorgesetzten Behörde.

§ 23.

Die Uebernahme einer Vormundschaft können ablehnen:

1. weibliche Personen;
2. wer das sechzigste Lebensjahr überschritten hat;
3. wer bereits mehr als eine Vormundschaft oder Pflegschaft führt;
4. wer an einer die ordnungsmäßige Führung der Vormundschaft hindernden Krankheit leidet;
5. wer nicht in dem Bezirk[8]) des Vormundschaftsgerichts seinen Wohnsitz hat;
6. wer nach Maßgabe des § 58 zur Stellung einer Sicherheit angehalten wird;
7. wer fünf oder mehr minderjährige eheliche Kinder hat.

Die Führung einer Gegenvormundschaft steht im Sinn der Nr. 3 der Führung einer Vormundschaft und Pflegschaft nicht gleich.

Das Ablehnungsrecht geht verloren, wenn es nicht bei dem Vormundschaftsgericht vor der Verpflichtung geltend gemacht wird."

Beabsichtigt der Waisenrath eine der, in den vorstehenden zwei Paragraphen näher bezeichneten Personen in Vorschlag zu bringen, so wird er nur dann einen Beamten in Vorschlag bringen können, wenn anzunehmen ist, daß die ihm vorgesetzte Behörde die Genehmigung ertheilt, und der Beamte zur Uebernahme der Vormundschaft bereit ist. Ein Gleiches erscheint auch bei den übrigen, unter Nr. 1—7 des § 23 aufgeführten Personen wünschens- und empfehlenswerth, da öfters in der Praxis die vom Waisenrath in Vorschlag gebrachten Personen aus einem der in dem § 23 aufgeführten Gründe, die Uebernahme der Vormundschaft

8) Der zum Vormund vorgeschlagene kann nur dann ablehnen, wenn er in dem Bezirke des Vormundschaftsgerichts (Amtsgerichts) nicht seinen Wohnsitz hat.

ablehnen und den Vormundschaftsrichter zwingen, die geladene Person zu entlassen und ein erneutes Ersuchen an den Waisenrath zu richten. Daß ein solches Unterlassen einer Rücksprache des Waisenraths mit dem in Aussicht genommenen Vormunde den Geschäftsverkehr erschwert, bedarf weiter keiner Begründung und doch ist es für den, in der Mitte seiner Gemeinde bezw. seines Bezirks stehenden Waisenrath, welcher die Gemeindeglieder persönlich kennt, oder als Vertreter der Gemeinde mit ihren Verhältnissen bekannt ist, ein Leichtes, dem Vormundschaftsgericht von vornherein eine zur Uebernahme der Vormundschaft geeignete Person in Vorschlag zu bringen.

Am meisten werden als Ablehnungsgründe in der Praxis die Führung von mehr als einer Vormundschaft, die Vollendung des 60. Lebensjahres und der Besitz von 5 oder mehr minderjährigen ehelichen Kindern geltend gemacht. Alle drei Gründe sind vom Waisenrath vor der Benennung des Vormundes sehr leicht festzustellen, da, wenn er eine Rücksprache mit der betreffenden Person aus persönlichen Gründen nicht nehmen will, er aus den von der Ortspolizeibehörde geführten Listen ersehen kann, wie alt die Person ist und ob sie 5 oder mehr eheliche Kinder hat. Der Waisenrath wird auch aus dem von ihm geführten Verzeichnisse sich vergewissern können, ob die vorzuschlagende Person zwei Vormundschaften, oder eine Vormundschaft und eine Pflegschaft führt. Allem Anschein nach wird von einem großen Theil der Waisenräthe ein solches Verzeichniß, welches auf Grund der ihm von dem Vormundschaftsgericht gemachten Mittheilungen von der Verpflichtung der Vormünder aufzustellen ist, bezw. auf Grund der Einsicht der Repertorien des Vormundschaftsgerichts vom Waisenrath eigenhändig gefertigt werden kann, nicht geführt. Aus obigem Grunde empfiehlt sich die Anfertigung eines solchen Verzeichnisses und erlaubt sich der Verfasser die Anlegung eines solchen mit folgenden Spalten in Vorschlag zu bringen:

Verzeichniß A.

Laufende Nummern.	Aktenzeichen.	Vor- u. Zuname des Mündels.	Geburtstag des Mündels.	Name des Vaters und Todestag desselben. Name der unehelichen Mutter.	Name des gerichtlich verpflichtet. Vormundes und Pflegers bezw. des gesetzlichen Vormundes. (mütterlich. Großvater.)	Bemerkungen.

Mit Rücksicht auf § 54, Abs. 2 der V.O. erachtet Verfasser die Anlegung eines zweiten Verzeichnisses B. mit folgenden Spalten für erforderlich:

Verzeichniß B.

Laufende Nummern.	Aktenzeichen.	Vor- u. Zuname und Mündels.	Geburtstag des Mündels.	Name des Vormundes und Gegenvormundes.	Bezeichnung d. Waisenrathsbezirks, in welchem das Mündel bisher gewohnt hat, und v. welchem die Anzeige n. § 54, Abs. 2 d. V.O. ergangen ist.	Bezeichnung des Waisenrathsbezirks, in welchen das Mündel verzogen ist.

Aus den vom Verfasser in Vorschlag gebrachten Ueberschriften der einzelnen Spalten ersieht der Waisenrat, welche

Eintragungen er zu machen hat und daß, wenn er die beiden Verzeichnisse sorgfältig weiter führt, er in den Stand gesetzt wird, zu wissen, welche Mündel in seinem Bezirke wohnen, welche Personen seines Bezirks Vormünder sind, wer von ihnen mehr als eine Vormundschaft führt, welche Mündel großjährig sind bezw. welche Vormundschaft durch Eintritt der Großjährigkeit beendet ist, und welche Mündel in seinem Bezirk neu verzogen sind. Aus dem Verzeichniß A. kann der Waisenrath auch die Personen feststellen, welche mehr als eine Vormundschaft führen und sich bei den zu machenden Vorschlägen danach richten. Er kann jedoch, selbst wenn er aus seinem Verzeichnisse sieht, daß eine Person mehr als eine Vormundschaft bezw. Pflegschaft führt, diese Person wieder in Vorschlag bringen, wenn sie sich ausdrücklich dazu bereit erklärt. Unterläßt der Waisenrath diese Rücksprache, und die als Vormund in Vorschlag gebrachte Person lehnt die Uebernahme der Vormundschaft aus obigem Grunde ab, so bereitet er dem Vormundschaftsgericht mehr Arbeit als nothwendig ist und verursacht der vorgeschlagenen Person unnütze Wege und Zeitversäumnisse, für die ihn der Vormundschaftsrichter mangels von Fonds nicht einmal entschädigen kann. Das Verzeichniß A dient dem Waisenrathe auch noch in anderer Richtung.

Wird dem Waisenrath der Tod eines Mitgliedes seines Bezirks bekannt, so hat er das Verzeichniß nachzusehen, ob die betreffende Person Vormund ist und wenn er dies findet, dem Vormundschaftsrichter davon Anzeige zu machen, und gleichzeitig eine andere Person als Vormund in Vorschlag zu bringen. Der Waisenrath wird damit unhaltbare Zustände, die in der Praxis allzuoft vorkommen, beseitigen, denn es existiren Vormundschaften, bei denen sich erst beim Vermiethen der Minderjährigen, oder bei dem Eintritt derselben in eine Lehre ergiebt, daß der Vormund gestorben ist und die Minderjährigen jahrelang ohne Aufsicht des Vormundes gelebt haben.

Das Vormundschaftsgericht ist auf Grund der von ihm geführten umfangreichen Repertorien bei Eingang der ihm vom Standesamt gemachten Anzeige eines Todesfalles nicht im Stande festzustellen, ob der Verstorbene eine oder mehrere Vormundschaften geführt und die betreffenden Mündel ihren Vormund verloren haben, wohl aber kann dies der Waisenrath auf Grund des von ihm geführten Verzeichnisses thun. Ganz besonders aber empfiehlt sich die Aufnahme der gesetzlichen Vormundschaften in das Verzeichniß A. Auf die vom Standesamt dem Vormundschaftsgericht zugesandten Geburtsanzeigen unehelich geborener Kinder, deren mütterlicher Großvater noch lebt, wird diesem das sogenannte Fürsorgemandat, wodurch ihm angezeigt wird, daß ihm die gesetzliche Vormundschaft über sein Enkelkind obliegt, zugesandt, und der Waisenrath gleichzeitig gemäß § 54 Abs. 1 d. V.O. davon in Kenntniß gesetzt. Eine weitere Kontrolle über diese gesetzliche Vormundschaft wird vom Vormundschaftsgericht nicht geführt, vielmehr werden die standesamtlichen Anzeigen in ein Sammel-Aktenstück zusammengeheftet. Stirbt nun der mütterliche Großvater eines unehelich geborenen Kindes, so erfährt das Vormundschaftsgericht in den seltensten Fällen von dem Tode des Großvaters etwas, und das betreffende unehelich geborene Kind, das sehr oft einer strengen Aufsicht bedurft hätte, bleibt jahrelang ohne Vormund und läuft Gefahr zu Grunde zu gehen. Der Waisenrath hat daher die Pflicht, das Wohl und Wehe gerade dieser Kinder im Auge zu behalten, und er wird diese Pflicht ganz erfüllen, wenn er die Aufsicht über das Leben und die Erziehung dieser Kinder zu seiner ganz besonderen Aufgabe macht, und im Falle des Ablebens eines mütterlichen Großvaters, dessen Name und Wohnung ihm aus dem Verzeichnisse A ersichtlich ist, dem Vormundschaftsgericht unter Benennung einer anderen geeigneten Person sofort davon Kenntniß giebt. Das Vormundschaftsgericht verpflichtet die ihm vorgeschlagene Person als Vormund des unehelich geborenen Kindes und giebt, nach § 54 Abs. 1 d. V.O. dem Waisenrath von der nunmehr gerichtlich eingeleiteten Vormundschaft Nachricht, worauf der Waisenrath den Namen des mütterlichen Großvaters im Verzeichniß A durchstreicht und an seine Stelle den Namen des neu verpflichteten Vormundes einträgt.

In derselben Weise wird der Waisenrath zu verfahren haben, wenn der bisherige Vormund eines Mündels stirbt oder entsetzt wird und ihm vom Vormundschaftsgericht die Nachricht von der Verpflichtung eines anderen Vormundes zugeht, oder wenn die Vormundschaft durch die Großjährigkeit des Mündels beendet ist. Letzteren Falles sieht der Waisenrath aus dem Verzeichnisse A, ob der Vormund als Vormund für ein oder mehrere andere Mündel wieder in Vorschlag gebracht werden kann. In der mit „Bemerkungen" überschriebenen Spalte werden z. B. der Wechsel der Wohnung des Mündels, die Abgabe der Vormundschaft an ein anderes Gericht, sowie andere, die Vormundschaft betreffenden Thatsachen einzutragen sein.

Zu erörtern bleibt nur noch, ob der Vormundschaftsrichter verlangen kann, daß der Waisenrath ihm, falls die Einleitung einer Pflegschaft nothwendig wird, einen Pfleger vorschlägt, und ob der Vormundschaftsrichter dem Waisenrath von der erfolgten Verpflichtung des Pflegers Nachricht zu geben hat. Beide Fragen sind auf Grund des § 91 in Verbindung mit § 53 der V.O. zu bejahen, da der Waisenrath wegen der Vorschrift des § 23 Nr. 3 der V.O. ein Interesse hat, die zu Pflegern bestellten Personen seines Bezirks zu kennen.

Ein Ersuchen an den Waisenrath um Benennung eines

Pflegers und eine Benachrichtigung über die Verpflichtung des Pflegers erfolgt jedoch nur bei einer dauernden, d. h. einer mit einer Vermögensverwaltung verbundenen Pflegschaft, nicht aber bei der Verpflichtung eines Pflegers zum Zwecke der Auseinandersetzung des zur zweiten Ehe schreitenden Vaters mit den Kindern erster Ehe. § 34 Tit. 18 Th. II Allg.L.R. oder eines Pflegers für eine Leibesfrucht, deren Rechte bei der Regulirung des Nachlasses eines Erzeugers wahrzunehmen sind, § 88 d. V.O., oder eines Pflegers, der, wenn der Erbe eines Nachlasses unbekannt ist, zur Erhaltung des Nachlasses oder zur Ausmittelung des Erben bestellt wird, § 89 d. V.O., oder endlich eines Pflegers, welcher Personen, welche selbst zu handeln außer Stande sind, oder der väterlichen oder vormundschaftlichen Vertretung entbehren, für einzelne Angelegenheiten oder für einen bestimmten Kreis von Angelegenheiten bestellt wird. § 90 d. V.O.

III. Geschäftsverkehr des Waisenraths mit dem Vormundschaftsgericht.

Erhält der Waisenrath die Benachrichtigung von der Verpflichtung eines Pflegers, so hat er die Pflegschaft in das Verzeichniß A mit Rücksicht auf § 23 Nr. 3 d. V.O. einzutragen.

Was endlich noch den Geschäftsverkehr des Waisenraths mit dem Vormundschaftsgericht betrifft, so ist auf beiden Seiten darauf zu halten, daß zur Vermeidung von Schreibwerk das von einem von beiden an den anderen gerichtete Ersuchen urschriftlich beantwortet und dem ersuchenden Theile zurückgesendet wird.

IV. Geschäftsführung des Waisenraths.

Für die Geschäftsführung und seine Thätigkeit kann der Waisenrath von der Gemeinde keine Entschädigung verlangen, wohl aber kann er von ihm die Erstattung von Auslagen, die ihm durch Anschaffung von Schreibutensilien oder durch Porto entstanden sind, beanspruchen, denn einerseits kann dem Waisenrathe nicht zugemuthet werden, die ihm durch das Amt auferlegten Auslagen aus eigenen Mitteln zu bestreiten, andererseits ist der Waisenrath nach dem Erlaß des Ministers des Innern und der Finanzen vom 6. September 1876, M.Bl. f. d. i. V. S. 187 verpflichtet, sämtliche an den Vormund und das Vormundschaftsgericht gerichteten Briefe frei zu machen.

Um sich aber der Gemeinde gegenüber hinsichtlich der gemachten Auslagen zu decken, möge sich der Waisenrath ein Ausgabenbuch mit folgenden Spalten anlegen

Laufende Nummer	Gegenstand der Anschaffung	Name des Geschäfts, wo der Gegenstand gekauft ist	Kurzer Inhalt des Briefes	Name des Adressaten	Datum des Kaufs bezw. der Absendung des Briefes	Betrag		Bemerkungen.
						Mk.	Pf	

und die Quittungen über die bezahlten Posten sich aufheben. Das Ausgabenbuch kann dann zu jeder Zeit mit den Belägen der Gemeinde zur Begleichung vorgelegt werden.

Sachregister.

Die Zahlen verweisen auf die Seiten des Textes und der Anmerkungen.

Druck von Rosenbaum & Hart, Berlin W.

FSC
www.fsc.org
MIX
Papier | Fördert
gute Waldnutzung
FSC® C083411

Kolibri 360 GmbH
Ferdinand-Jühlke-Straße 7
99095 Erfurt, Deutschland
produktsicherheit@kolibri360.de